フェルトの福づくし
チャームとお守り袋

がなはようこ・辻岡ピギー：ピポン

文化出版局

目次

作品ページの写真は、実物大に近い大きさです

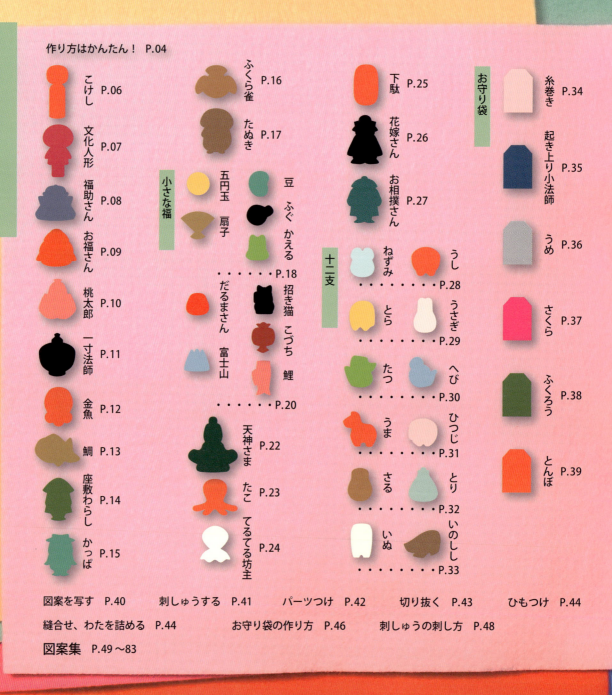

作り方はかんたん！ P.04

こけし P.06
文化人形 P.07
福助さん P.08
お福さん P.09
桃太郎 P.10
一寸法師 P.11
金魚 P.12
鯛 P.13
座敷わらし P.14
かっぱ P.15

ふくら雀 P.16
たぬき P.17

小さな福
五円玉 扇子
豆 ふぐ かえる P.18
招き猫 だるまさん こづち 鯉 富士山 P.20

天神さま P.22
たこ P.23
てるてる坊主 P.24

下駄 P.25
花嫁さん P.26
お相撲さん P.27

十二支
ねずみ うし P.28
とら うさぎ P.29
たつ へび P.30
うま ひつじ P.31
さる とり P.32
いぬ いのしし P.33

お守り袋
糸巻き P.34
起き上り小法師 P.35
うめ P.36
さくら P.37
ふくろう P.38
とんぼ P.39

図案を写す P.40　刺しゅうする P.41　パーツつけ P.42　切り抜く P.43　ひもつけ P.44
縫合せ、わたを詰める P.44　お守り袋の作り方 P.46　刺しゅうの刺し方 P.48
図案集 P.49〜83

はじめに

フェルトと刺しゅう糸

フェルトは、20cm角や18cm角の
正方形にカットされたものを使います。
1色1枚ずつで、1つのチャームが作れます。

刺しゅう糸は、一般的に売られている25番の糸を使います。
これも1色につき1束で足ります。金糸は、写真のものを使いました。

※フェルトや刺しゅう糸の色は、印刷のため実物とは多少異なります。

この本の「福」=幸せアイテムは、

日本の言い伝えや民話、郷土玩具等々、
いろいろなものを集めた
「きっといいことあるよ」と
思えるものたちです。
あなたのために、それとも家族や友達のために、
心を込めて作る、幸せチャーム。

神社や仏閣のお守りのように
ご利益はありません。
だって、手作りだもの。
でも、このフェルトの小さなぬいぐるみ、
キュッと握ると、ささやかな福がきっと手の中に・・・

もののもつ意味は、ひとつではありません。
いろいろな解釈があります。
ラッキーもアンラッキーも。
あなたが幸せを感じるものを、この本の中から選んでください。

作り方はかんたん！

① 図案をトレーシングペーパーに写します

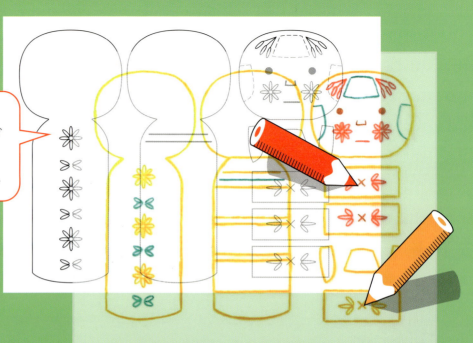

② 写した図案をスプーンでこすり、フェルトに転写します

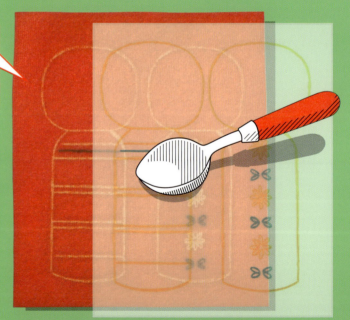

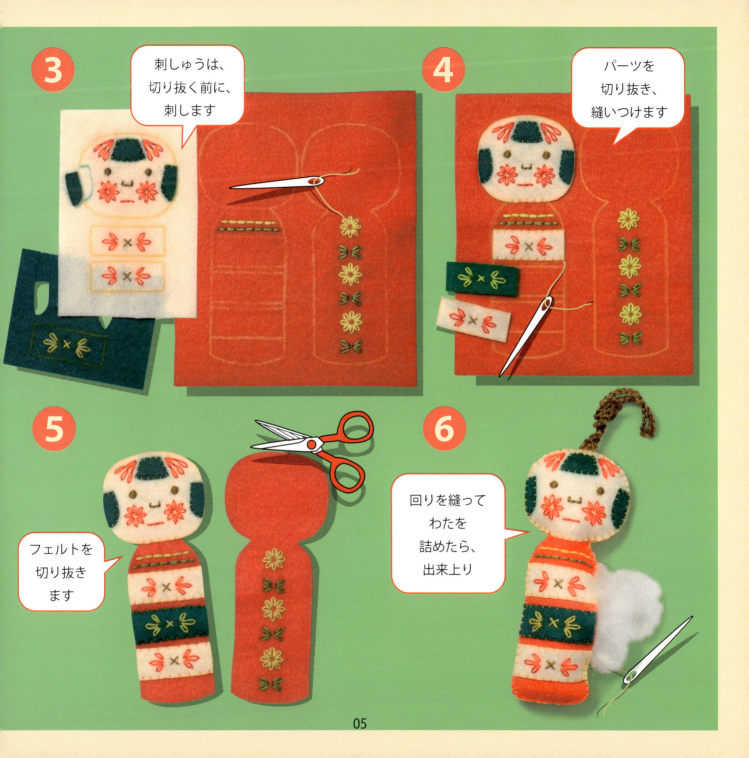

こけし

東北で生まれた、素朴なお人形。
お椀を作るのと同じ方法で、木をろくろで削って作ります。
ちょこんと描かれた髪型や頭の印象が、
芥子の実に似ているから
「こけし」と言うのだそう。
子宝や子どもの成長を願う縁起物。
図案　P.50

昔、西洋から来た高価なお人形を模倣して、
手軽な材料で製造されたのが文化人形。
それでも、庶民には高価だったので、
お母さんたちは、またこれを模倣して、
古着の布で子どもに
作ってあげたそうです。
そんな昭和のお母さんの
思いがこもったお人形。
図案　P.49

文化人形

福助さん

商家の店先にちょこんと正座し、
お辞儀をしながら、行き交う人々を
見つめる福助さん。
大きな福耳がポイント。
繁栄と幸福をもたらすと言われています。
図案　P.51

お福さん

福助さんの奥さんという説もある、お福さん。
ふくよかな体型とおかめ顔。
愛想よくお客様をいやす笑顔で、
商売繁盛をもたらす、かわいいおばさんです。
図案　P.52

桃太郎

桃から生まれた、桃太郎。
犬、猿、キジを引き連れ、チームワーク抜群に、
鬼ヶ島で大活躍。
力持ちで、健気な子。
桃は、不老長寿と魔除けの力を持つ、
果物なんですって。
図案　P.53

一寸法師

小さいながら、機知に富み、
苦境を切りひらき、鬼を倒して
屈強な若者に。
一寸法師が、お椀の舟からエールを送るよ。
「頑張れ！ 為せば成る」。
図案　P.54

金魚

金魚はその字のごとく、金運の魚。
英語でも、Goldfish。
これは、昭和の懐かしい玩具、
金ではなくブリキの金魚です。
「お金がいっぱい貯まりますように」。
図案　P.55

鯛は、「めでたい」の「たい」。
とっても縁起のよい魚。
これは、たい焼き。
茶柱の立った番茶と一緒にいただくと、
なお「めでたい」です。
図案　P.56

鯛

座敷わらし

住む家に福をもたらす、おかっぱ髪のいたずらな童。
お供え物をして、つまみ食いされていたら、
座敷わらしがいる証拠。
わらしがいたら、家に福が訪れると言われています。
図案　P.57

水辺に住む妖怪。
いたずらもののイメージがありますが、
水害の際に川に橋をかけてくれたと言い伝えられ、
けっこう律儀。
商売繁盛や水難防除の神様だそうです。
図案　P.58

かっぱ

ふくら雀

冬になると雀は、羽の間に空気をためて
ふっくらと膨らむことで防寒します。
冬に、まん丸な雀を見かけるのはそのため。
まあるく膨らんだかわいい雀は、
幸せの象徴なんだそうです。
図案 P.59

小さな福

五円玉
「ご縁がありますように」
の五円玉。

扇子
エールを送る、
「いい風吹かせる」日の丸扇子。

豆
「そのうちきっと、
芽が出ます」
マメに努力は大切です。

ふぐ
「ふく」とも言います。
ぷっくり膨らみ、まん丸な「福」。

かえる
無事カエル。
若ガエル。失くし物カエル。
いいこと、みんな、かえってくるよ。

図案　五円玉 P.63 ／扇子 P.64 ／豆 P.62 ／ふぐ P.62 ／かえる P.63

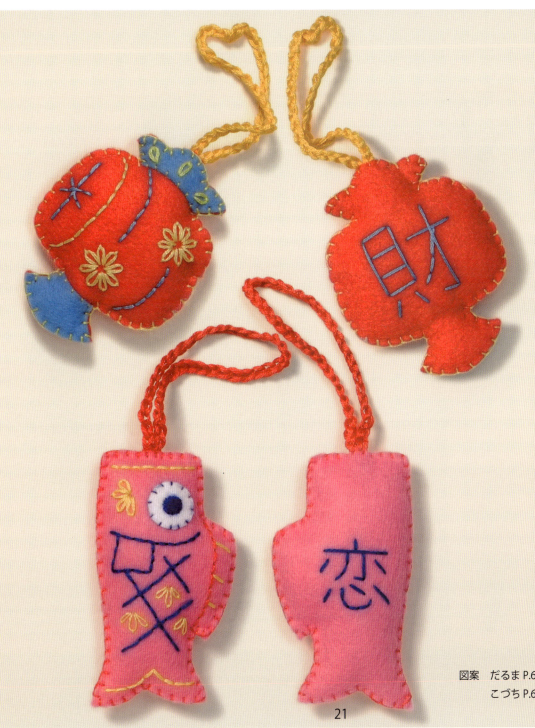

だるまさん
開運祈願のだるまさん。
転んでばかり
忙しいけど、
七転び八起き！
頑張って。

富士山
力強い、パワーみなぎる、
日本一の山。

招き猫
手招きで福を呼ぶ、招き猫。
厄除けと幸運の黒猫です。

こづち
振れば振るほど、宝物が、
ざっくざく！
だとうれしい、打出のこづち。

鯉
鯉は、滝を登って龍に。
私の恋は、登って行って、
幸せになる？

図案　だるま P.61 ／富士山 P.61 ／招き猫 P.64
こづち P.63 ／鯉 P.62

天神さま

日本一有名な受験の神様？
ほんとうは、学問の神様です。
いろいろな姿の天神さまのお人形が、
全国各地にたくさんあります。
みんな、凛々しいお顔で、
勉学する人を見守っています。
図案　P.65

たこ

「たこ」は、「多幸」。
海に住む魅力的な生き物。
英語で言うと「オクトパス」。
「置くと、パス！」なんですって。
このチャーム、足を広げて自立します。
机に置いてもらえたら、
受験生の心の友になれるかも。
図案　P.66

てるてる坊主

「てるてる坊主、明日天気にしておくれ」。
軒先で天気を見守る小さな布坊主さん。
心の中の雨降りも、晴ればれ、天気にしておくれ〜。

図案　P.68

伝統的な天気予報。下駄を投げて、晴れは表で、雨は裏。
心配事があったら、これを投げてね。
「あ〜した天気にな〜れ！」
図案　P.68

下駄

花嫁さん

頭にかぶせた白絹で、
角を隠してお嫁入り。
幸せは、優しい気持ちが大事。
腹が立っても、鬼のように、
角を見せてはいけません。
図案　P.70

★金糸を使っています。

日本一の力持ち。
数々の武勇伝。
重量級の強さの象徴。
お相撲さんのように、たくましく。
土俵際でも、ぐっと頑張る
いい男になってね。
図案　P.71

お相撲さん

★金糸を使っています。

十二支

ねずみ
大黒様の使い。
家内の繁栄と子宝の
シンボル。
図案　P.72

うし
これは、赤べこ。
「べこ」は、
「うし」のこと。
福と知に
ご利益がある
そうです。
図案　P.72

とら
悪霊も恐れると言われる
力強い動物。
額の縞が「王」の文字に
似ていることから、
動物界の王とも。
図案　P.73

うさぎ
月に住むと信じられた
神聖な動物。
安産や縁結びの
象徴と言われています。
図案　P.73

たつ
想像上の霊獣。
権力を持つものの
象徴。
水の神。
図案　P.74

へび
脱皮して
成長していくことから、
生命力の象徴。
毒を持つことで、
邪気を払う力があると
言われています。
図案　P.74

うま
財宝を持ち帰ると言われ
うまは、繁栄の象徴。
何事も
「うま」くいくとも。
図案　P.75

ひつじ
古くから、
ひつじは
一家の財産として、
大切にされていたので、
富裕のシンボル。
図案　P.75

さる
出世や昇進のシンボル。
山の神様の使い。
災いが「さる」。
図案　P.76

とり
夜明けを知らせて鳴く
吉祥のとり。
幸運を「とり」込む、
から「商売繁盛」。
図案　P.76

いぬ
古来から番犬として
飼われてきたことから、
悪霊を追い払う動物に。
多産なので、
子宝と安産の象徴でも
あります。
図案　P.77

いのしし
目標に力強く突き進む
「猪突猛進」の動物。
子どもを
たくさん引き連れて
行動することから
「子孫繁栄」。
万病を防ぐ肉を持ち、
「無病息災」。
図案　P.77

糸巻き

恋人とは運命の赤い糸で、つながっているんですって。小さくたたんだラブレター、入れておく？
図案　P.79

起き上り小法師

起き上り小法師は、よろけながらも、ぴょこんと必ず起き上がる。元気者です。
図案　P.80

寒空に凛と映える赤い梅。健康と長寿。幸せを呼ぶ縁起物。
図案　P.81

さくら

満開の花で春を彩る桜の木。願いがかなうよ。「桜咲く」。
図案　P.82

ふくろう

「ふくろう」=「不苦労」=「福朗」。福を招く縁起のよい鳥。英知のシンボル。
図案　P.78

とんぼ

とんぼは、勝ち虫。大空をビュンビュン飛ぶのが勇ましい。武将が好んだ絵柄です。
図案　P.83

図案を写す
鉛筆や色鉛筆を使う

図案は実物大です。
図案ページにトレーシングペーパーをのせてなぞります。
写した線を転写するので図案は反転してあります。

図案

トレーシングペーパー

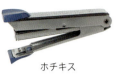
ホチキス

鉛筆 H～HB

色鉛筆

写し上がったフェルトの線は、こするとよごれやすいので、細めの線で写します。
色鉛筆は、色数に合わせて、使い分けできるので便利。
本書では、ユニ アーテレーズカラー（三菱鉛筆）を使いました。
紙に描いた線が、消しゴムで消せるタイプの色鉛筆です。
他の色鉛筆の場合、フェルトにかすかにしか転写できないものもあります。試してから使ってください。
水彩色鉛筆は、水でにじんでしまうので、向きません。

❶
図案をトレーシングペーパーに写す。
図案には、太線・細線があるが、
なぞる線は、同じ太さで OK

❷
トレーシングペーパーを
裏返してフェルトにのせ、
転写する

ホチキスで
図案の外側を
とめる

スプーンで
しっかり
こする

❸
転写したフェルト

こすると
落ちやすい
ので、気を
つける

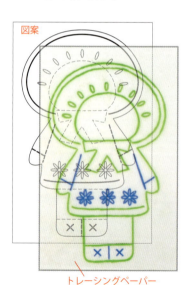

図案
トレーシングペーパー

色鉛筆の色は、フェルトのすみで
試して、見えやすい色を使う。

淡い色のフェルト
同系色の色鉛筆を使うと、
こすれても汚れが
目立ちにくい

濃い色のフェルト
淡い色の色鉛筆を使う

刺しゅうする

フェルトを切り抜く前に刺す。
ステッチの刺し方 P.48

25番刺しゅう糸　　刺しゅう針　　スティックのり

刺しゅうの刺し上り

本体正面（表）

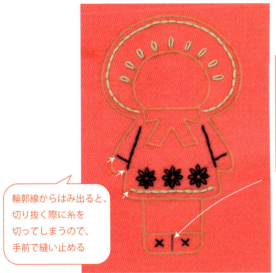

輪郭線からはみ出ると、切り抜く際に糸を切ってしまうので、手前で縫い止める

足の中央の線のように、パーツをまたがって刺すところは、パーツをつけた後に刺す

足のパーツ

本体正面（裏）

刺し始めと終りは、玉を作る

わたを入れたときにしわができないよう、刺しゅう糸は、部分ごとにそれぞれ刺し始めと終りに玉止めをし、切る

本体背面（表）

小さなパーツは、本体につける前に縫いとめる

目のパーツ

❶ 目のパーツを切り抜く。
裏側にのりを塗る

顔のパーツ

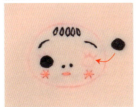

❷ 顔に貼り、
たてまつり（P.42）してとめる

まつげを刺す

目に白点を刺す

❸ 細部を刺し進める

パーツつけ

スティックのりで仮どめし、
たてまつりで、本体に縫いとめます。

❶ パーツを切り抜く

刺しゅうを切らないように注意

❷ 裏側にのりを塗る

❸ 仮どめする

❹ たてまつりで縫いつける

切り抜いて使うので、縫い目が輪郭の外側にはみ出ないように刺す

輪郭の部分は縫わない

❺ 重なるパーツを、順にのりで仮どめし、縫いつける

リボンを貼って縫いつける

パーツをまたがっているところを刺しゅうする

部分拡大

たてまつり

25番刺しゅう糸1本どり。
刺しゅう針を使う

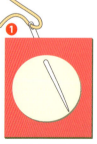

❶ 玉を作って裏から刺す

❷ すぐ上に刺す

❸ 隣に刺す

❹ 刺し進める

❺ 裏側で玉止めをする

いろいろなパーツつけの手順

複雑なパーツつけは、こんな順に

パーツや本体はそれぞれ刺しゅうしておく。
切り抜きながら、縫いつけていく

〈金魚〉

本体

①

目とヒレをそれぞれ本体につける

②

〈たぬき〉

本体

①

ボディを本体につける

②

大福帳と手の中央の線を刺す

〈一寸法師〉

本体

①

椀の内側を本体につける
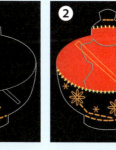
②

ボディを本体につける

③

顔とかいを本体につける

④

〈お福さん〉

ボディにかんざしをつける

①

ボディを本体につける
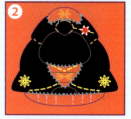
②

顔と手を本体につける

③

手の中央の線を刺す

切り抜く

刺しゅうの糸を切らないように気をつけます。

手芸用の、先がとがった小さなハサミが使いやすい

輪郭線にそって切る

凹んだ角は、両側から切るときれいに切り抜ける

ひもつけ

ひもは、刺しゅう糸を鎖編みして作りましたが、市販のひもでも大丈夫です。

25番刺しゅう糸

3/0号 かぎ針

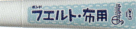
手芸用接着剤

刺しゅう糸6本どりで鎖編みする。ひもの長さは約15〜20cm。
モチーフの大きさやバッグの持ち手の幅等も考慮して加減する

鎖編み

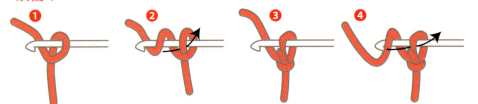

ひもの端を玉結びする。
本体背面側の裏側に、
竹ぐし等で
少量の接着剤を
つけて貼る

縫い合わせ、わたを詰める

25番刺しゅう糸

まち針　　刺しゅう針

手芸わた

❶ 本体正面と背面をそろえてまち針でとめる。縁をかがる。図案を参照し、わた入れ口から縫い進める

ブランケット・ステッチ

刺しゅう糸2本どり。刺しゅう針を使う　※写真は、見やすいように4本どりで刺しています

刺し始め

玉結びし、
重ねたフェルトの
内側から針を出す

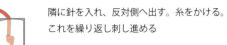

隣に針を入れ、反対側へ出す。糸をかける。
これを繰り返し刺し進める

刺し終り

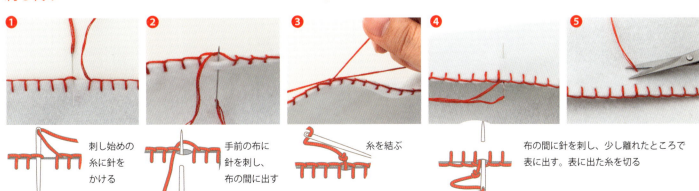

お守りの袋の作り方

基本の作り方や用具は、
チャームと同じです。P.40〜44 参照

❶  型紙のとおりに厚紙を切り、台紙を作る（P.78）

❷ トレーシングペーパーに図案を写す。本体には 20cm 角のフェルトを使う。フェルトの端に輪郭線を合わせて転写する

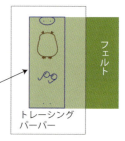

❸ 図案の写し上り

❹ 刺しゅうする

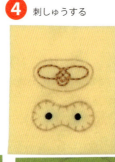

❺ 刺しゅう糸を鎖編みしてひもを作る。長さ約 25cm

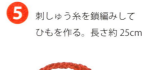

輪郭線で切る ↓

目打ちで、ひも通し位置に穴をあける

正面側にひもを通す

❻ パーツを切り抜き、ステックのりで仮どめする。たてまつりで本体に縫いつける

ひもに、のりがつかないように貼る

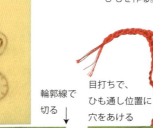
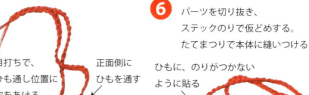

穴をあける

刺しゅうの刺し方

糸の準備
25番刺しゅう糸は、6本の糸を束ねてかせになっているので、からまないように気をつけ、必要な長さ分を切る。束から糸を抜き、そろえてから針に通す

刺し方					図案の線

バック・ステッチ

 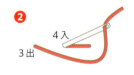 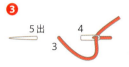 

 1本どり
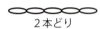 2本どり
4本どり

チェーン・ステッチ

最後の目は、糸の手前に入れる

1本どり
2本どり

フレンチノット・ステッチ

2回巻き
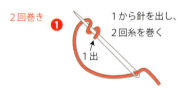
1から針を出し、2回糸を巻く

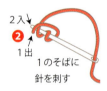
1のそばに針を刺す

糸を引きながら針を裏に出す

4回巻きは、❶で針に糸を4回巻きつける

● 2本どり、2回巻き
● 2本どり、4回巻き

サテン・ステッチ

 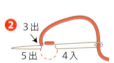  

 1本どり
 2本どり
 4本どり

レゼーデージー・ステッチ

対角に刺し進める

 1本どり
 2本どり

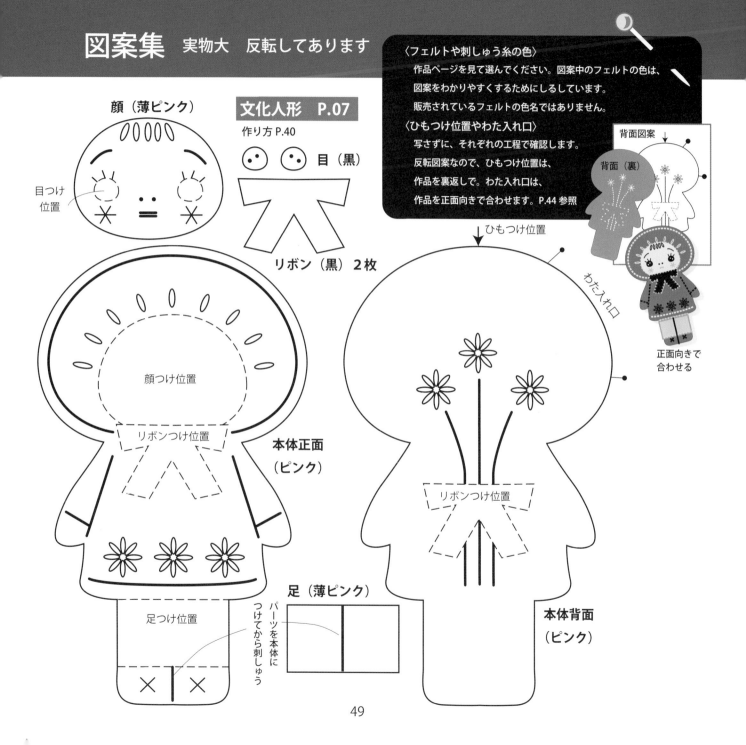

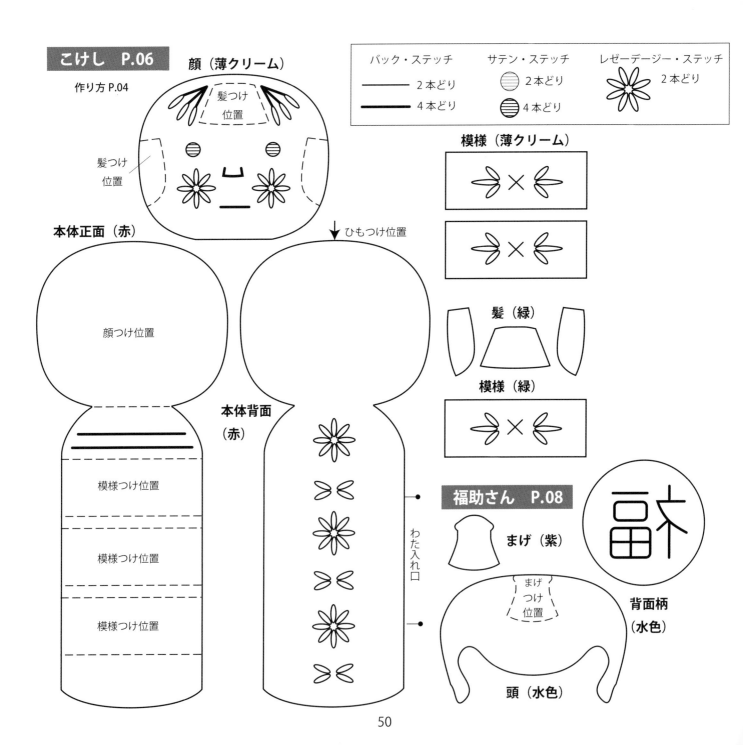

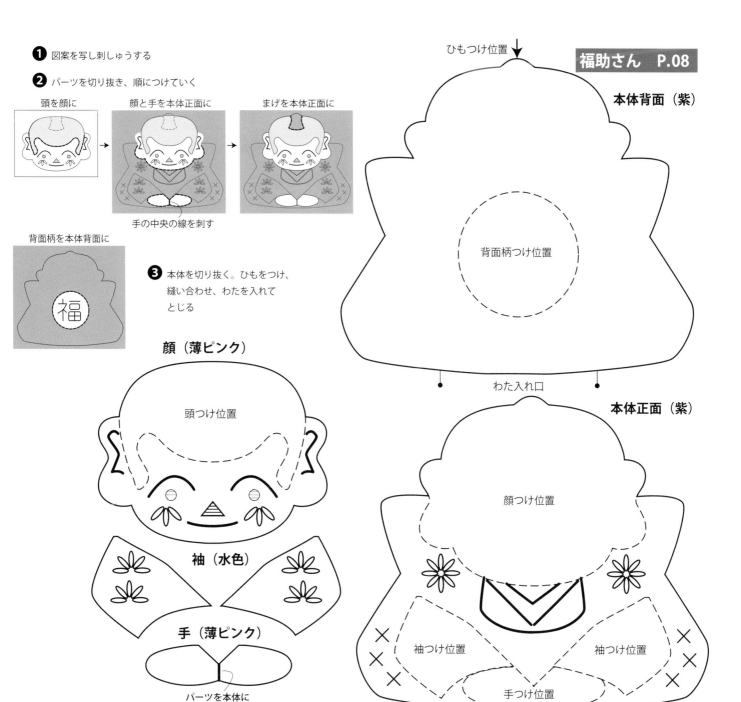

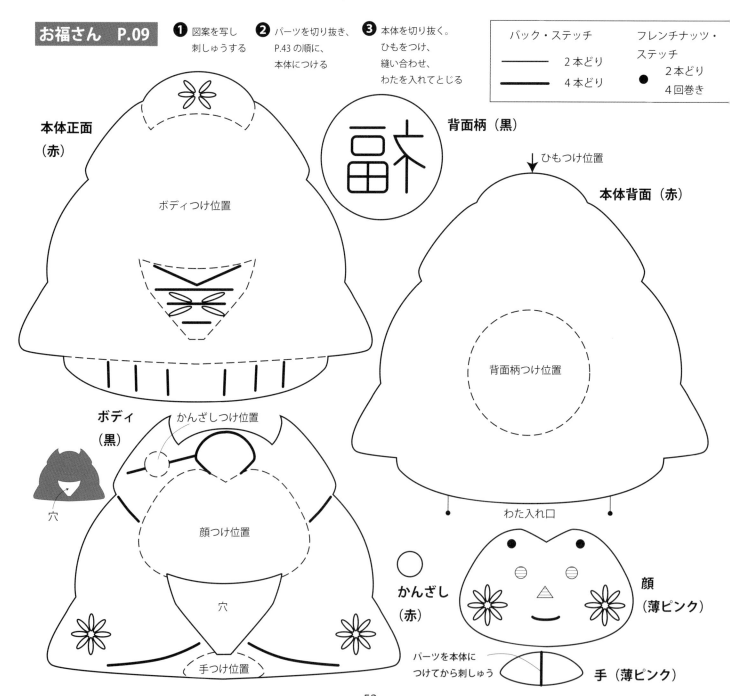

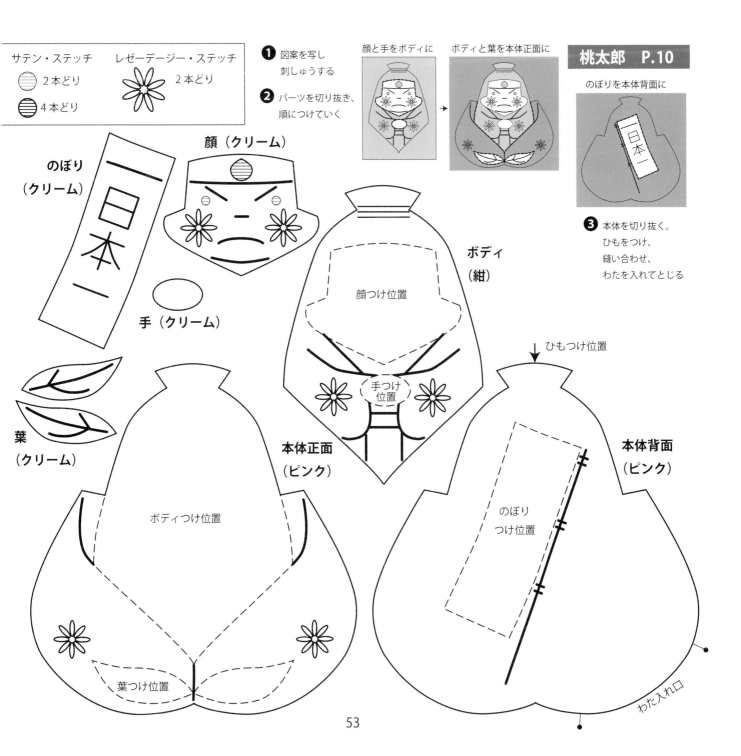

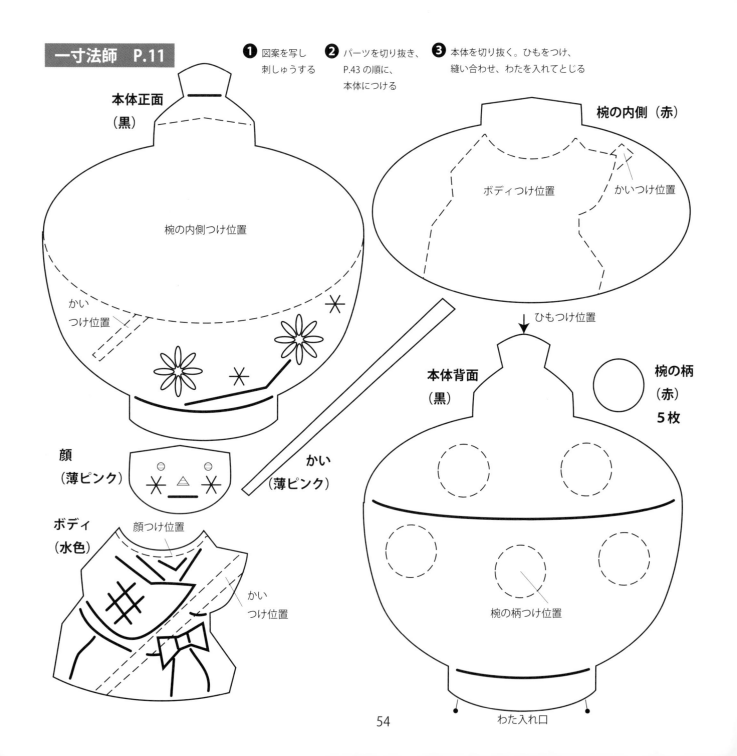

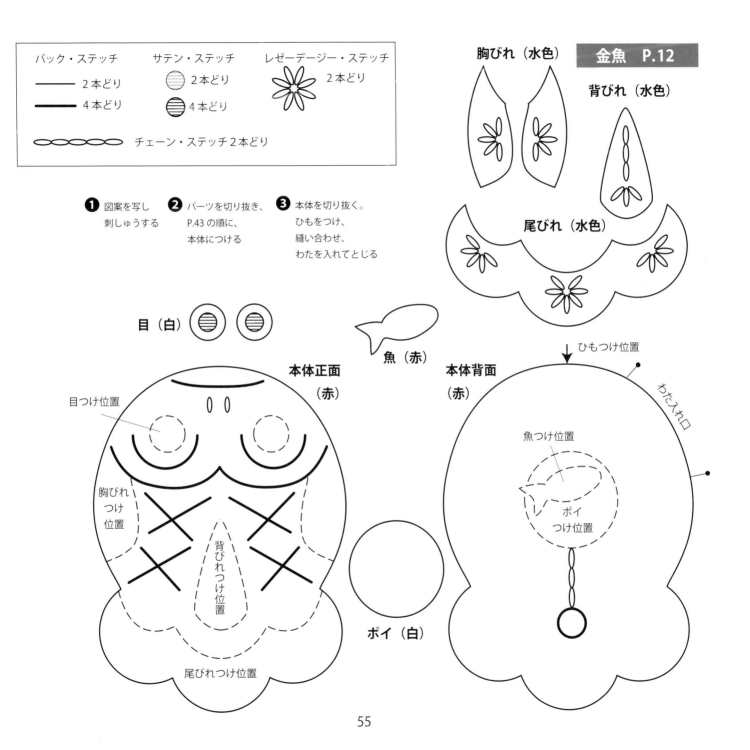

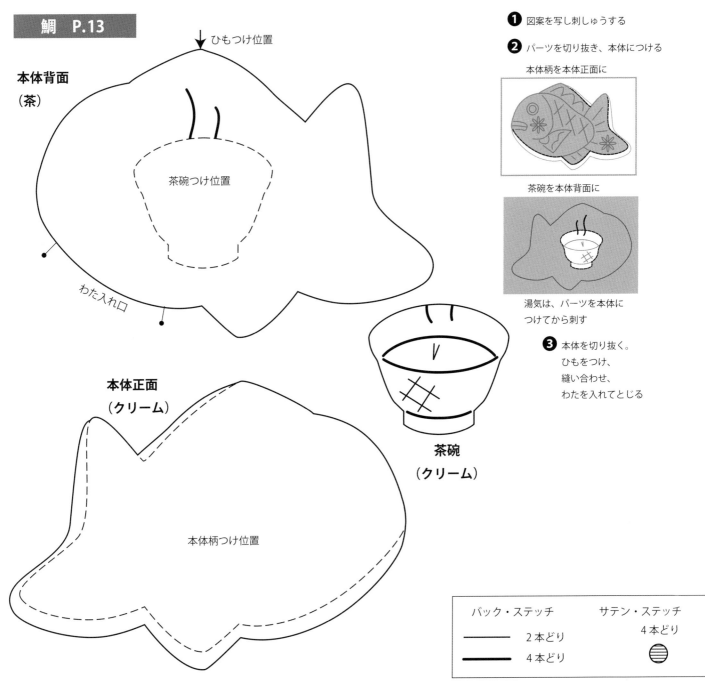

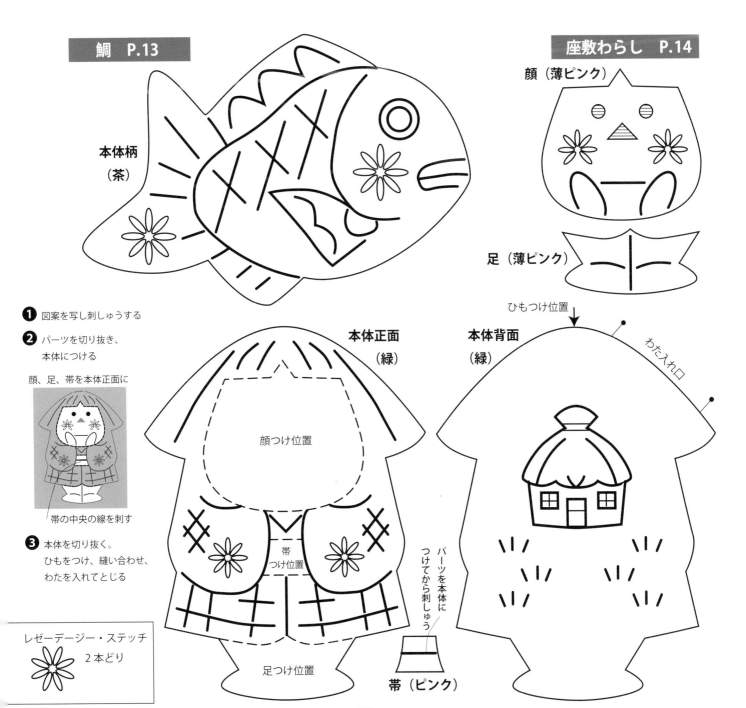

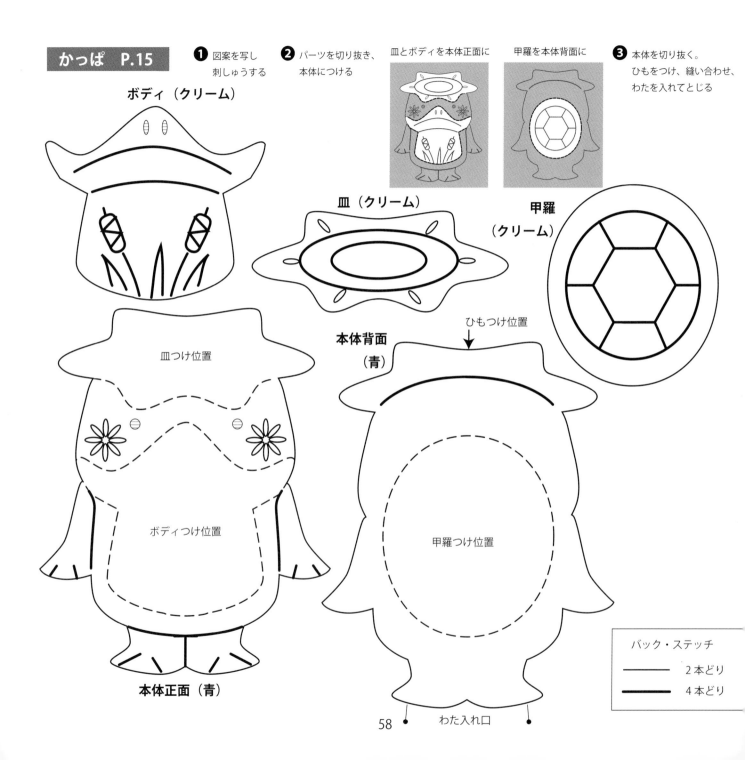

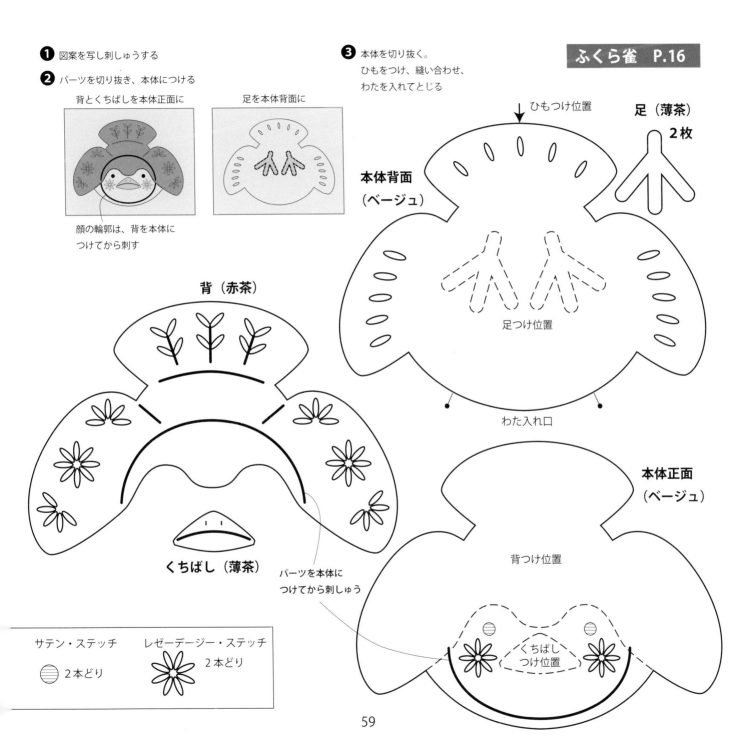

たぬき P.17

❶ 図案を写し刺しゅうする　❷ パーツを切り抜き、P.43の順に、本体につける　❸ 本体を切り抜く。ひもをつけ、縫い合わせ、わたを入れてとじる

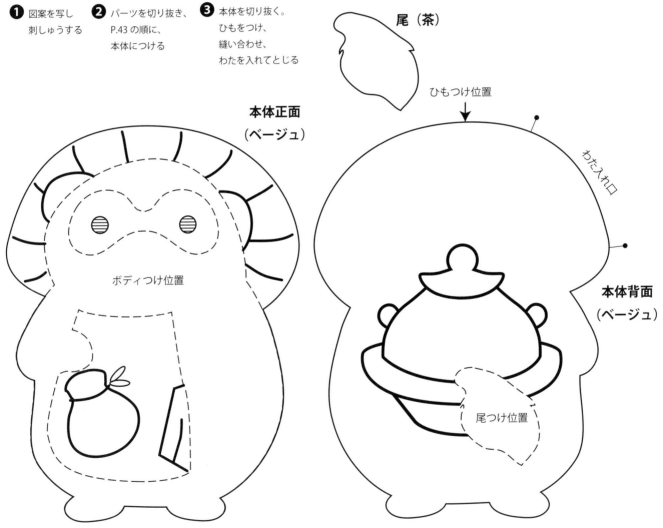

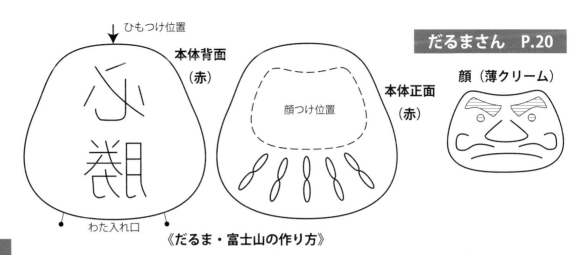

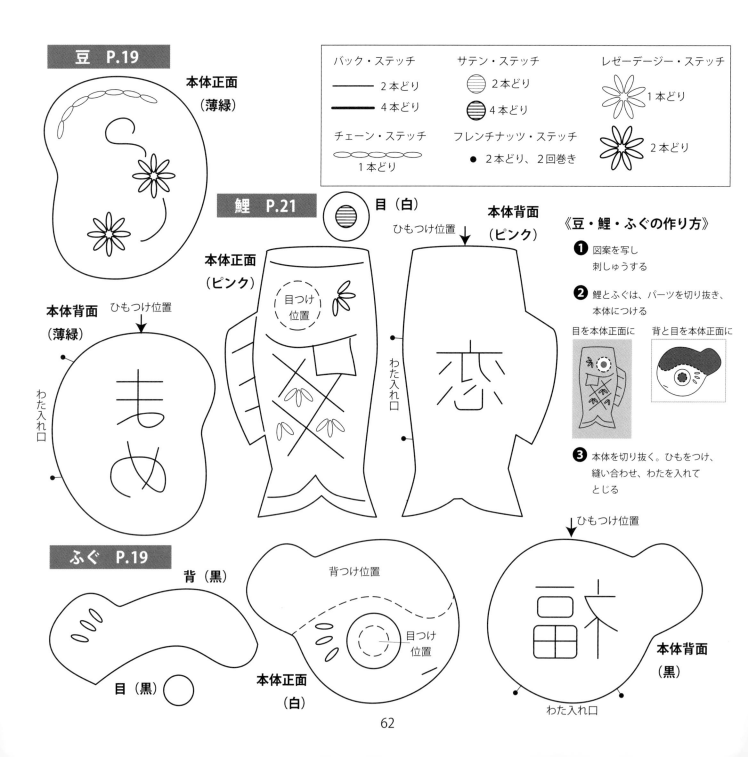

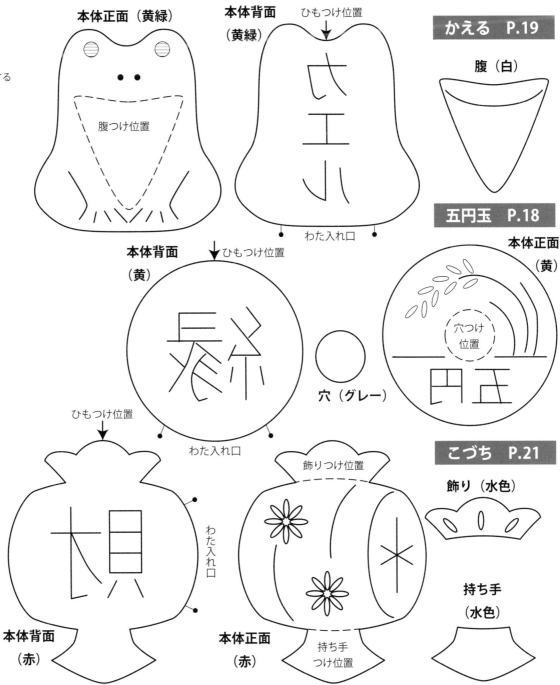

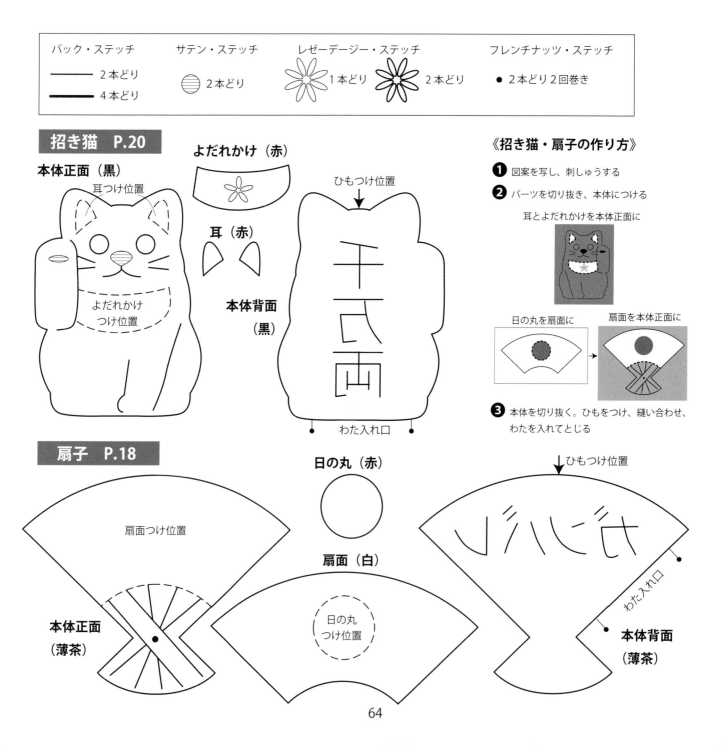

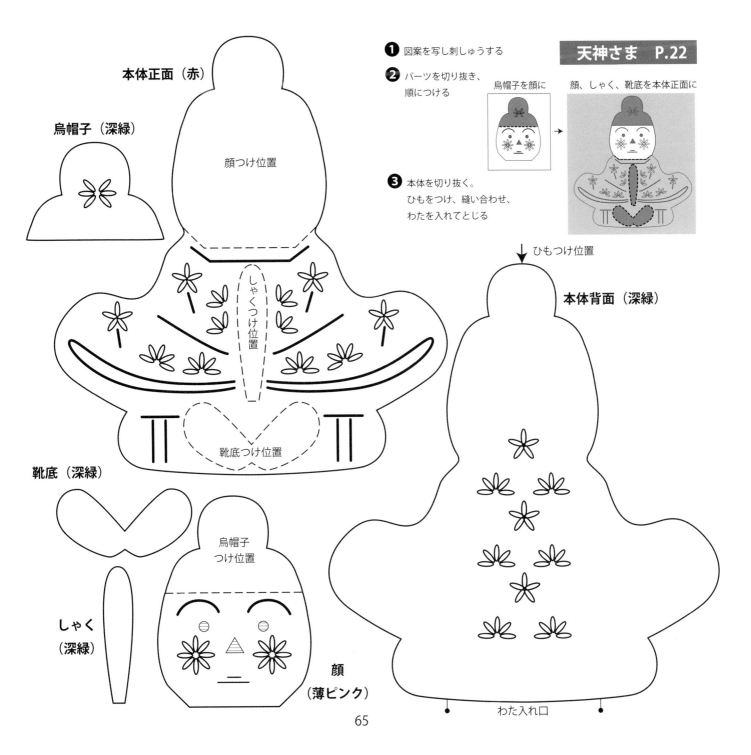

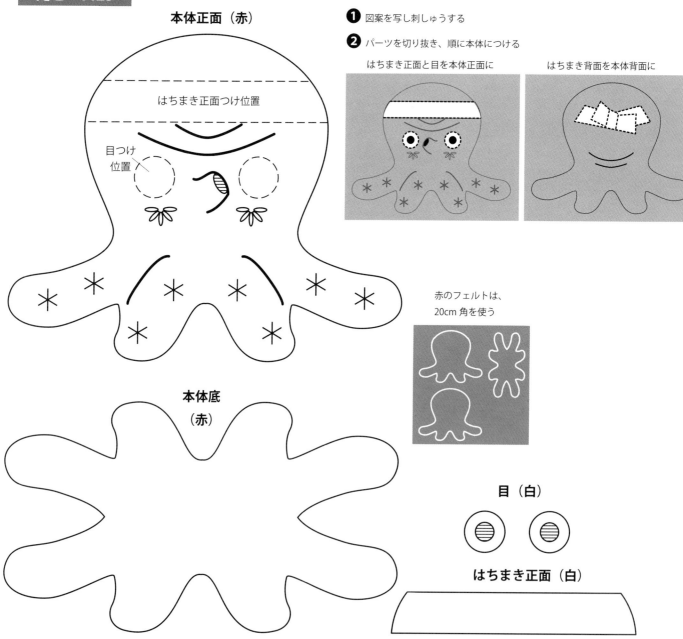

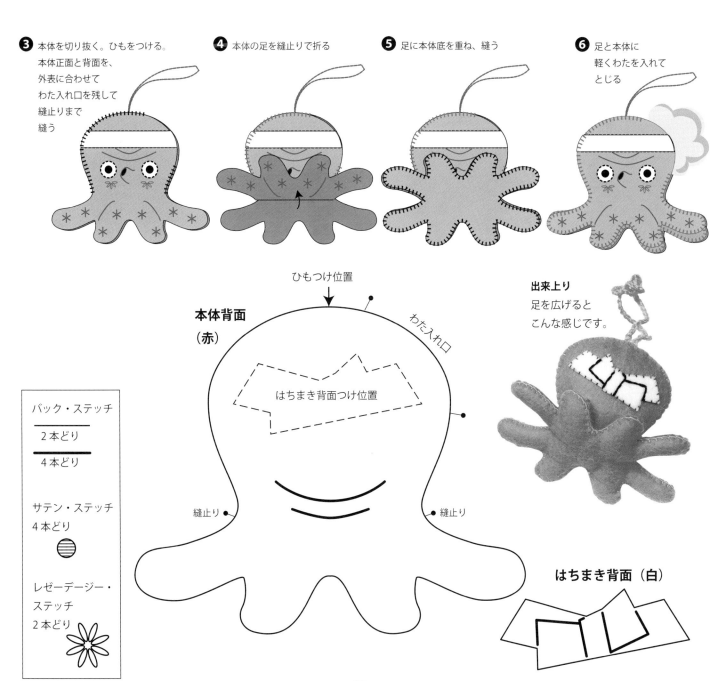

てるてる坊主 P.24

❶ 図案を写し刺しゅうする

❷ パーツを切り抜き、本体背面につける

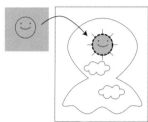

❸ 本体を切り抜く。ひもをつけ、縫い合わせ、わたを入れてとじる

本体正面（白）

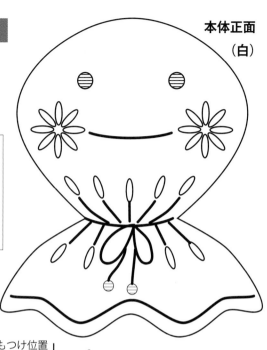

下駄 P.25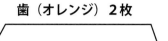

歯（オレンジ）2枚

前がね（水色）

鼻緒（水色）

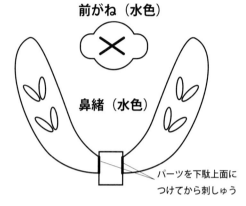

パーツを下駄上面につけてから刺しゅう

ひもつけ位置

わた入れ口

本体背面（白）

お日様（オレンジ）

お日様つけ位置

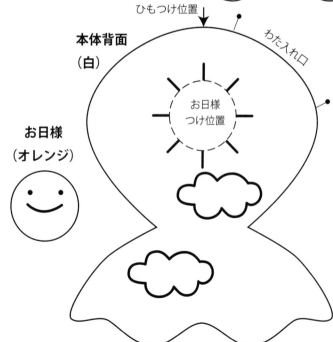

下駄底（えんじ色）

歯つけ位置

前がねつけ位置

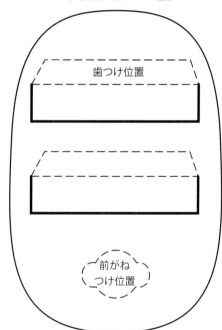

バック・ステッチ	サテン・ステッチ	レゼーデージー・ステッチ	フレンチナッツ・ステッチ
—— 2本どり	⊜ 2本どり	✺ 2本どり	•
━━ 4本どり	⊜ 4本どり		2本どり、2回巻き

下駄 P.25

❶ 図案を写し刺しゅうする　❷ パーツを切り抜き、順につけていく

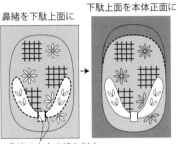

鼻緒の中央の線を刺す

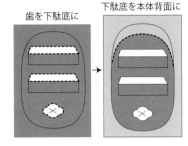

❸ 本体を切り抜く。ひもをつけ、縫い合わせ、わたを入れてとじる

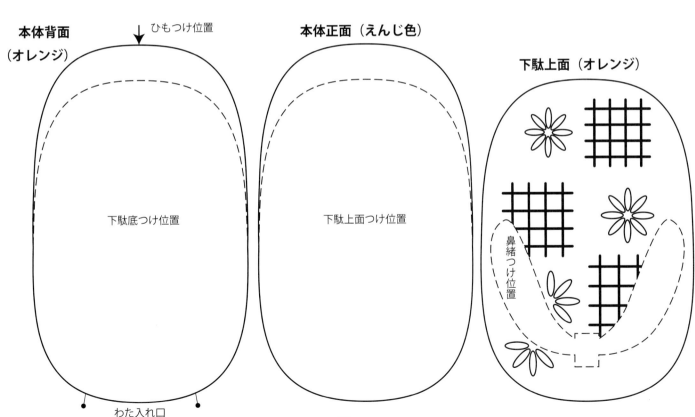

本体背面（オレンジ） — ひもつけ位置 / 下駄底つけ位置 / わた入れ口

本体正面（えんじ色） — 下駄上面つけ位置

下駄上面（オレンジ） — 鼻緒つけ位置

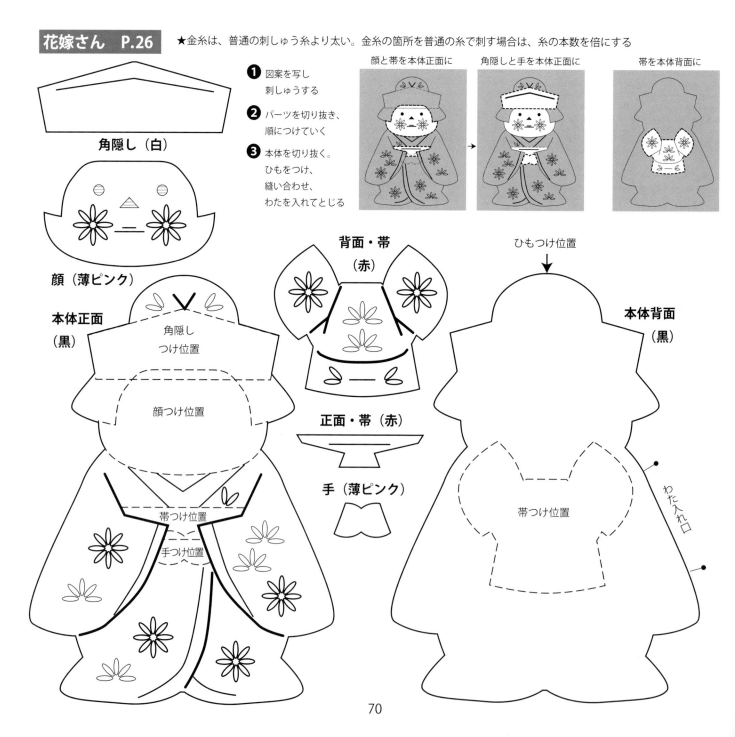

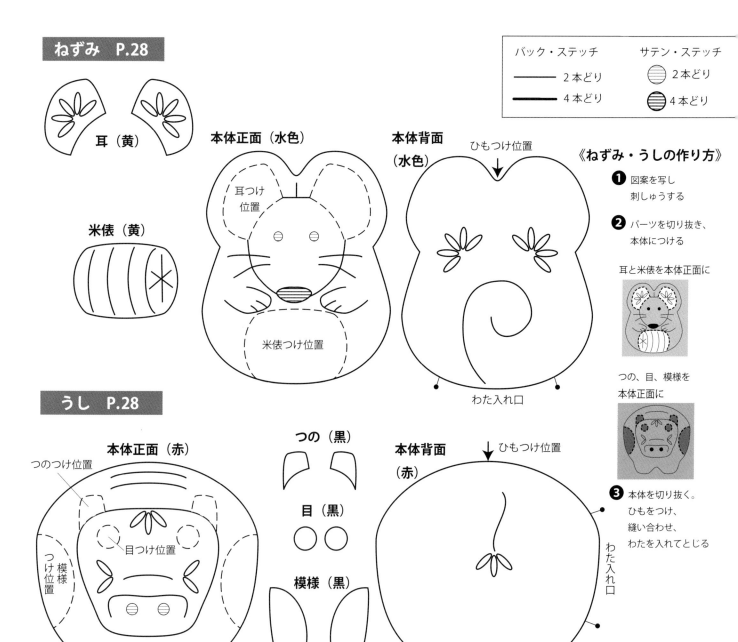

レゼーデージー・ステッチ
2本どり

《とら・うさぎの作り方》

❶ 図案を写し刺しゅうする

❷ パーツを切り抜き、本体につける

背を本体正面に　　尾を本体背面に

耳を本体正面に　　尾を本体背面に

 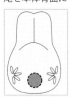

❸ 本体を切り抜く。ひもをつけ、縫い合わせ、わたを入れてとじる

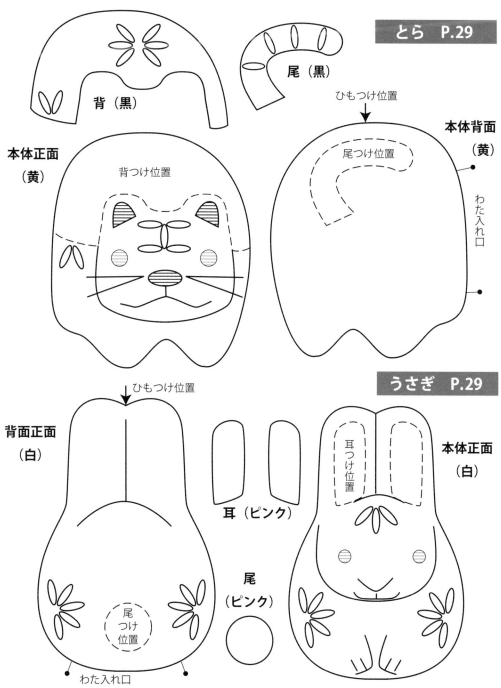

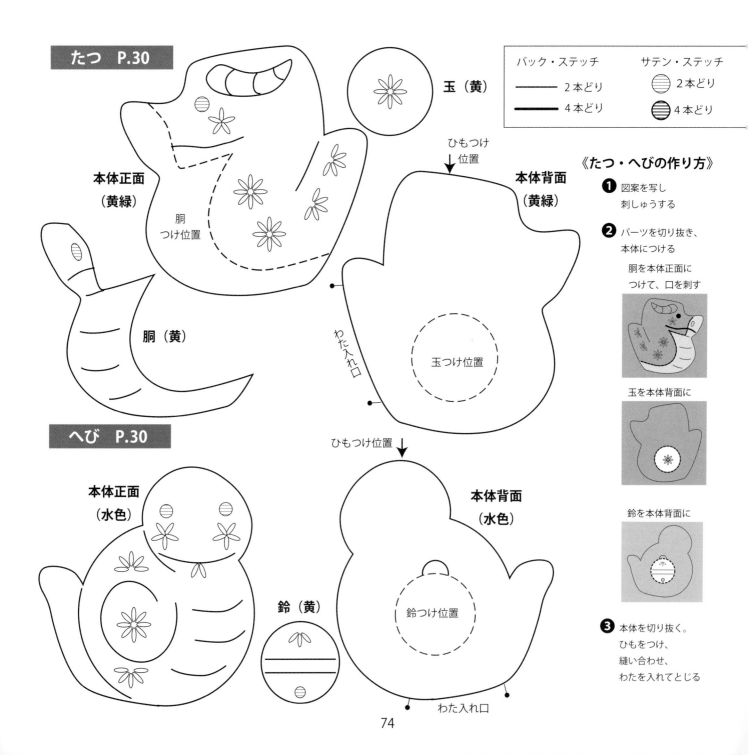

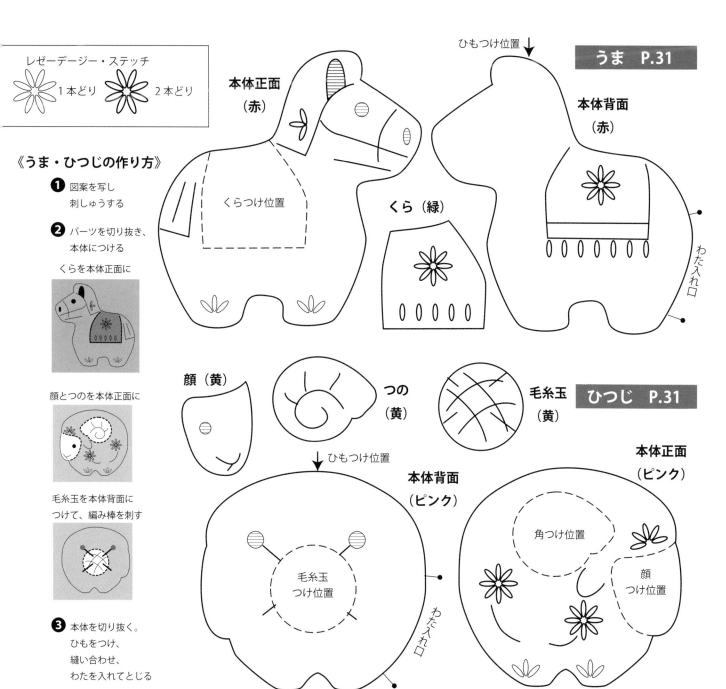

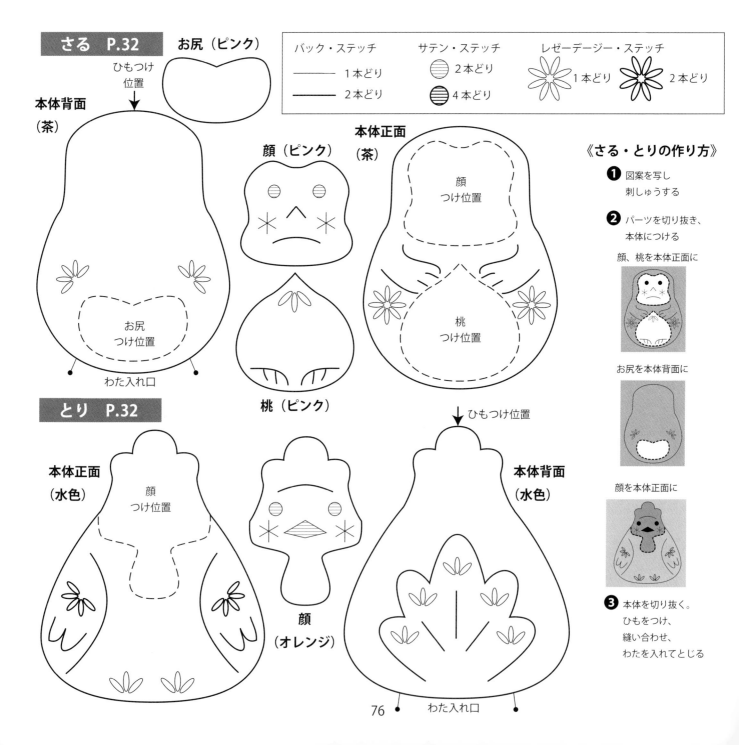

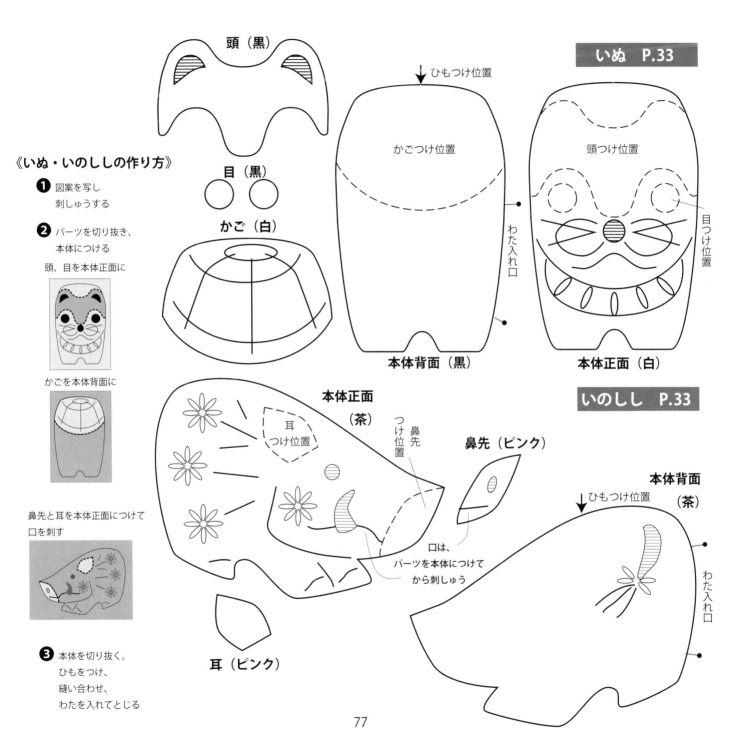

お守り袋 厚紙型紙　6種共通

❶ トレーシングペーパーに型紙を写す

❷ 裏返して、厚紙にホチキスでとめ、こすって線を転写する

❸ トレーシングペーパーを外し、厚紙を切り抜く

縫い上がった袋に入れてアイロンをかけ、袋の形を整える。取り出して点線部分を切り、袋に戻す

厚紙型紙

ふくろう P.38

作り方 P.46

本体（緑）

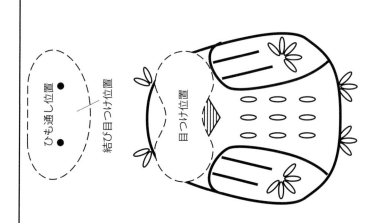

バック・ステッチ	サテン・ステッチ	レゼーデージー・ステッチ
—— 2本どり	⊜ 2本どり	2本どり
—— 4本どり	⊜ 4本どり	

糸巻き P.34

★ 基本の作り方 P.46 を参照して作る
厚紙型紙 P.78

❶ 図案を写し刺しゅうする。
上部にひもをつける

❷ 結び目、糸巻き糸を切り抜き、
本体につける

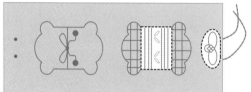

❸ 中表にたたんで両脇を縫う。
表に返して形を整える

ふくろう P.38

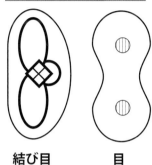

結び目　　目
（クリーム）（クリーム）

糸巻き糸（水色）　結び目（水色）

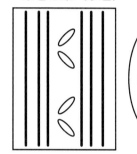
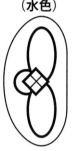

本体（ピンク）

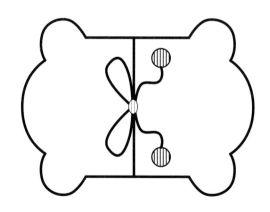
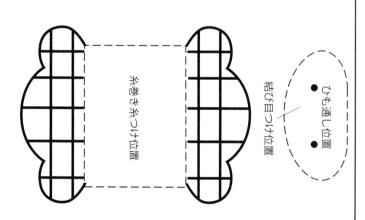

起き上り小法師　P.35

バック・ステッチ	サテン・ステッチ	レゼーデージー・ステッチ
── 2本どり ── 4本どり ━━ 6本どり	2本どり	2本どり

結び目（黄）

顔（黄）

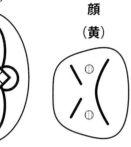

★ 基本の作り方 P.46 を参照して作る
厚紙型紙 P.78

❶ 図案を写し刺しゅうする。上部にひもをつける

❷ 結び目、顔を切り抜き、本体につける

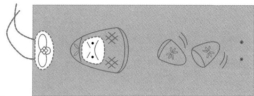

❸ 中表にたたんで両脇を縫う。表に返して形を整える

本体（紺）

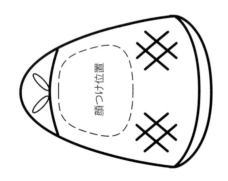

★ 基本の作り方 P.46 を参照して作る
　厚紙型紙 P.78

❶ 図案を写し刺しゅうする。上部にひもをつける

❷ パーツを切り抜き、順につける。
　つぼみは、
　出来上り写真を見ながら
　つける

❸ 中表にたたんで両脇を縫う。
　表に返して形を整える

うめ　P.36

花心を花に

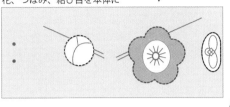
花、つぼみ、結び目を本体に

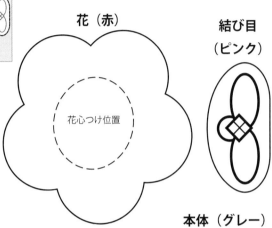
花（赤）
結び目（ピンク）
本体（グレー）

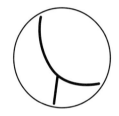
つぼみ（赤）

花心（ピンク）

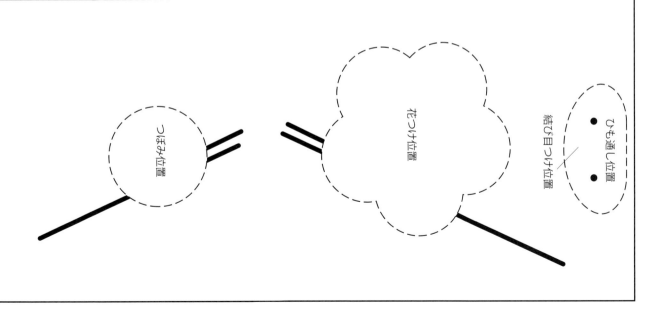

バック・ステッチ	サテン・ステッチ	レザーデージー・ステッチ
── 2本どり	⊖ 2本どり	✿ 2本どり
━ 4本どり	⊜ 4本どり	

★ 基本の作り方 P.46 を参照して作る
厚紙型紙 P.78

① 図案を写し刺しゅうする。上部にひもをつける

② 結び目、花、つぼみを切り抜き、本体につける

③ 中表にたたんで両脇を縫う。表に返して形を整える

さくら P.37

結び目（薄ピンク）　花（薄ピンク）

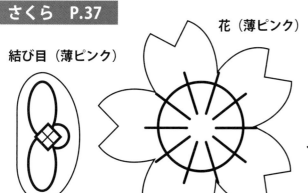

つぼみ（薄ピンク）

本体（濃ピンク）

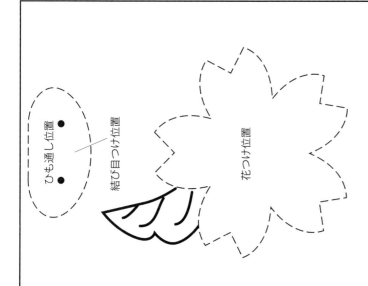

★ 基本の作り方 P.46 を参照して作る
　厚紙型紙 P.78

とんぼ　P.39

① 図案を写し刺しゅうする。上部にひもをつける

② 結び目、羽、かぶとを切り抜き、本体につける

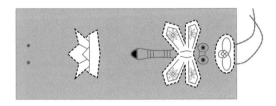

③ 中表にたたんで両脇を縫う。
　表に返して形を整える

かぶと（水色）

羽（水色）

結び目（水色）

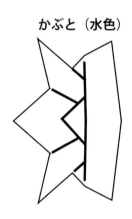

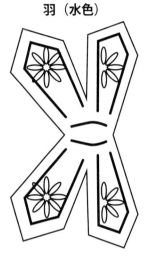

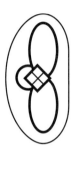

本体（オレンジ）

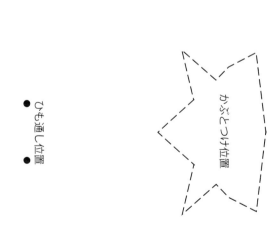

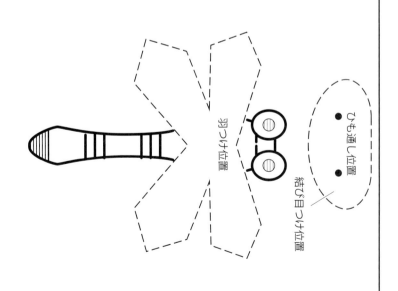

がなはようこ・辻岡ピギー：ピポン
http://www.sigma-pig.com/

ピポン
がなはようこ・辻岡ピギーのアート、クラフト作品製作のユニット。
商品プランニング、ブックデザイン、イラスト、
染色、オブジェ製作、ディスプレイ等において、
オリジナリティあふれる、ユニークな活動を展開している。

【ピポンの本】
『フェルトのお守り ラッキーチャーム』『ボールペンで塗り絵 パリの旅』
『作るのカンタン 平らなワンコ服 12か月』文化出版局、
『ボールペンでイラスト』『和の切り紙』飛鳥新社、
『きりぬく仕掛けカードの本』ビー・エヌ・エヌ新社、
『エコペーパー雑貨』池田書店、『消しゴムで和のはんこ』角川マガジンズ、
『ヌメ革クラフト ハンドブック』グラフィック社、ほか多数。
ぜひ、ホームページをご覧ください。

作品製作
黒川久美子
色鉛筆でフェルトに図案を写す方法を発案。
美しい作品を製作。

Staff
ブックデザイン　がなはようこ
撮影　池田ただし（ズーム・ヴューズ）
協力　酒井惠美（エムズ・プランニング）
　　　六角久子
校閲　向井雅子
編集　大沢洋子（文化出版局）

提供
サンフェルト　　http://www.sunfelt.co.jp
〒111-0042　東京都台東区寿 2-1-4　tel.03-3842-5562

ディー・エム・シー（DMC 刺しゅう糸）　http://www.dmc.com
〒101-0035　東京都千代田区神田紺屋町 13　山東ビル7F　tel.03-5296-7831

三菱鉛筆　　http://www.mpuni.co.jp
〒140-8537　東京都品川区東大井 5-23-37　お客様相談室　tel.0120-321433

フェルトの福づくし
チャームとお守り袋

2017年11月19日　第1刷発行

著　者　がなはようこ・辻岡ピギー：ピポン
発行者　大沼 淳
発行所　学校法人文化学園 文化出版局
　　　　〒151-8524　東京都渋谷区代々木3-22-1
　　　　tel.03-3299-2489（編集）
　　　　tel.03-3299-2540（営業）

印刷・製本所　株式会社文化カラー印刷
©ピポン有限会社 2017 Printed in Japan
本書の写真、カット及び内容の無断転載を禁じます。

・本書のコピー、スキャン、デジタル化等の無断複製は著作権法上での例外を除き、禁じられています。本書を代行業者等の第三者に依頼してスキャンやデジタル化することは、たとえ個人や家庭内の利用でも著作権法違反になります。
・本書でご紹介した作品の全部または一部を商品化、複製頒布、及びコンクールなどの応募作品として出品することは禁じられています。
・撮影状況や印刷により、作品の色は実物と多少異なる場合があります。ご了承ください。

文化出版局のホームページ　http://books.bunka.ac.jp/